AF509636

Communication faite au Congrès International des Sourds-Muets de Saint-Louis (Etats-Unis).

LA SITUATION DES SOURDS-MUETS
EN FRANCE
AU DÉBUT DU XXᵐᵉ SIÈCLE

PAR

HENRI GAILLARD

Secrétaire Général de la Fédération des Sourds-Muets
Rédacteur en chef de l'Echo des Sourds-Muets
Membre de la Société des Gens de Lettres
Officier de l'Instruction Publique.

PRIX : 1 Franc.

PARIS
AUX BUREAUX DE
l'Echo des Sourds-Muets
5, Cité Bertrand, 5

LOUVAIN
AUX BUREAUX DU
Sourd - Muet Belge
11, Rue de Diest, 11

1904

Henri Gaillard

(Voir sa *Biographie* publiée par MM. L.-J. Bothy et Eugène Graff,
avec préface de Francis Bœuf.)

SITUATION MORALE,

INTELLECTUELLE, INDUSTRIELLE, SOCIALE ET RELIGIEUSE.

Je n'examinerai pas historiquement la question de l'état intellectuel, industriel, social et moral des sourds-muets en France. Ce sujet a été trop de fois rebattu dans de précé dents Congrès, notamment au Congrès de Chicago en 1893. Aussi bien, ce qui importe le plus, à l'heure présente, c'est d'étudier la situation des sourds-muets au début du XXe siècle.

Une première constatation s'impose tout d'abord, c'est qu'au début de ce nouveau siècle la vitalité intellectuelle des sourds muets français est absolument remarquable. Et elle n'est pas remarquable qu'à sa surface, mais dans ses couches profondes. Ceux-là seuls le savent, qui pénètrent dans tous les milieux, analysent toutes les intelligences, sondent tous les cœurs, scrutent toutes les consciences, fouillent les existences et pèsent leurs moyens de vivre.

Il n'empêche qu'il reste encore un nombre considérable de sourds-muets dont la pauvreté intellectuelle est digne de pitié. Et cependant, leur détresse d'esprit est plutôt apparente que réelle. Ils sont, la plupart du temps, les victimes d'une instruction mal ordonnée ou négligée et d'un isolement dédaigné parmi les entendants. Pourtant, beaucoup gagnent leur vie, de pauvre façon sans doute, mais ils la gagnent.

Au-dessus de cette masse brillent des individualités, mieux douées, que le travail et la volonté ont poussé plus haut que les autres. C'est l'élite du monde silencieux

Journalistes. — M. Gustave **Voulquin**, rédacteur dans un journal politique, escrimeur de première force ; M. Eug. **Née**, auteur d'ouvrages de discussion critique.

Publicistes. — MM. Louis **Rémond**, V.-G. **Chambellan**, Henri **Jeanvoine**, Louis **Capon**, Eugène **Graff**, Marcel **Mauduit**, Henri **Laufer**, Adolphe **Drouin**, Paul **Tschek**, Rémy **Magne**, Joseph **Chazal**, Jean **Olivier**, Guillaume **Geffroy**, Félicien **Douard**, Félix **Gilibert**, Gaston **Viallatte**, Victor **Lagier**, René **Weill**, Joseph **Turcan**, Jules **Gavillet**, Alexandre **Vareille**, Mmes Louise **Walser**, Louise **Asser**.

Auteurs d'ouvrages techniques. — M. Joseph **Cochefer** (*Traité sur les fleurs de style*) ; M. Grégoire **Maille** (*Traité sur le dessin et la perspective*) ; M. Prosper **de Baudicour** (*Revues et articles sur l'agriculture et l'apiculture*) ; M. E. **Taton-Baulmont** (*Mémoires sur les reptiles, les champignons, etc.*)

Ingénieurs. — MM. Maurice **Kœchlin** et Paul **Hentsch** (*Arts et Manufactures*).

Professeurs. — M. Louis **Capon** ; Mlle Pauline **Larrouy**. Ils sont en même temps directeurs d'école, ce qui explique un peu pourquoi ils persistent, car l'introduction de la méthode orale a supprimé l'emploi des professeurs sourds-muets. Ceux qui existent encore, comme MM. **Chambellan** (leur doyen), **Dusuzeau**, **Simon**, **Henry**, **Douard**, **Tronc**, etc., vivent de leur retraite ou d'un emploi (M. **Dusuzeau** est comptable à la Direction centrale des Manufactures de produits chimiques de Saint-Gobain, M. **Douard** est employé à l'Administration des Hospices de Marseille).

Il est regrettable que l'Administration, en France, ne soit pas plus ouverte aux sourds-muets, qui ont droit à la sollicitude de l'Etat, surtout lorsqu'ils rencontrent tant de difficultés pour se procurer du travail. Cependant, l'Imprimerie Nationale, grâce surtout à la générosité, la philanthropie et l'esprit de justice de son Directeur actuel, M. A. Christian, emploie six sourds-muets. D'un autre côté, il y a, dans les bureaux de la Préfecture de la Seine, un sourd-muet commis-expéditionnaire ; et d'autres sourds-muets, pourvu qu'ils soient d'anciens boursiers de la Ville, peuvent coucourir pour y obtenir un emploi. C'est à l'intervention d'un conseiller municipal socialiste, très dévoué aux sourds-muets, M. Joseph Weber, et au Conseil Général de la Seine, que les sourds-muets de Paris doivent de ne pas être exclus des emplois publics.

ARTISTES :

ARCHITECTE : M. **Cochefer.**

PEINTRES. — MM. Armand **Berton,** René **Princeteau,** Georges **Ferry,** Grégoire **Maille,** Olivier **Chéron,** Albin **Rodrigues-Ely,** Joseph Tronc, Ernest **Martin,** Louis **Lecarpentier, Brunet,** René **Baudeuf,** Stéphane Durand, Henri **Cauchois,** Félix **Brès, Hannetel, Miaulet,** Michel **Sturla,** Henri **Fortin** ; Mlles Marie **Reuché,** Marie **Arbaudie,** Rosalie **Maindrot,** Jeanne **Grandidier,** Antoinette **Crevel,** Louise **Picard,** Mmes Marthe **Voulquin,** Elisa **Baudin.**

SCULPTEURS. — MM. Félix **Martin,** Paul **Choppin,** Fernand **Hamar,** Félix **Plessis,** Gustave **Hennequin,** Joseph **Pin, Montillié, Cherprenet,** Ernest **Jourdes,** Léon **Morice,** René **Desperriers, Picard,** Joseph **Ebstein.**

ARTS DÉCORATIFS. — MM. **Maton, Dalem, Ravet,** peintres ; Eugène **Graff,** Paul **Leclerc,** Louis **Aybram,** S. **Martin, Baudin, Vinot,** sculpteurs.

GRAVEURS. — MM. Auguste **Colas,** Victor **Colas,** René **Hirsch,** Léon **Lambert, Joigny,** Paul **George,** F. **Giriat,** Léon **Audouin,** J. **Germain, Vicario.**

CARICATURISTE. — M. Auguste **Varenne.**

PHOTOGRAPHES. — MM. Henri **Desmarest,** A. **Petin, Malka, Boussin.**

ARTISTES MIMES. — MM. **Varenne, Villanova.**

CORRECTEURS D'IMPRIMERIE. — MM. **Goderiau, Chevassus, Taton, Née, Gaillard, Geffroy.**

ELECTRICIENS. — MM. **Besson, Lemaire.**

MÉCANICIEN. — M. **Guer.**

COMMERÇANT. — M. **Jenn.**

AGRICULTEURS, HORTICULTEURS. — MM. Emile **Fortin,** Ludovic **de Tessières,** Raoul **Cagny, de Messermann, Pineau, Moutet.**

Si nous abordons la vaste armée des travailleurs manuels, il nous faut examiner un grand ensemble de détails complexes et particuliers. Il y a là dedans des capacités de premier ordre, prisées à leur importance et payées justement ; il y a des valeurs secondaires, dont le salaire est fort ordinaire, à peine suffisant ; et il y a des nullités évidentes, qui gagnent moins que rien. A côté et au-dessous sont ce qu'on appelle les parasites, plutôt les paresseux, encore que quelques-uns s'en défendent et accusent de leur situation irrégulière les patrons qui refusaient de les employer : je veux parler des sourds-muets colporteurs, qui vont aux terrasses des cafés, vendre pour un sou ou deux sous, des alphabets manuels renfermés sous des enveloppes sur lesquelles sont des suscriptions bizarres, par lesquelles ils essaient d'attendrir la pitié sur leur infirmité. Ce genre de sourds-muets est la plaie de la nation silencieuse. Pourtant, le nombre en diminue chaque année. La mort les supprime par voie d'extinction et il est assez rare que les jeunes de la nouvelle génération s'embauchent dans leur lamentable phalange. Lors d'une enquête que j'ai faite dans leur milieu, j'en ai compté 33 ([1]) pour Paris et 129 pour toute la France. Ce sont d'ailleurs des chemineaux.

A Paris, le salaire moyen des ouvriers silencieux oscille entre 5 francs et fr., 5.5o et va jusque fr. 6,5o Le plus bas tombe à 3 francs. Pour les sourdes-muettes, la moyenne varie entre 3 francs et fr. 3,5o. Cependant, la plupart des sourds-muets ayant une grande habileté artistique ou industrielle obtiennent des gains journaliers de 9 à 13 francs.

Presque tous ces ouvriers ont fait leur apprentissage professionnel dans nos écoles spéciales. Or, il est à remarquer que, à part de bien rares sujets, d'une habileté consommée, ce sont eux qui gagnent le moins et sont le plus exposés aux fluctuations des chômages et même aux risques

---

(1) Le nombre des sourds-muets résidant à Paris, non compris les sourds-muets en âge de scolarité, étant d'environ 2.5oo, on voit que ce chiffre de 33 est insignifiant et que la grande majorité est laborieuse.

de la perte complète de gagne-pain. En effet, les métiers enseignés dans ces écoles sont de ceux qui emploient le plus de monde parmi les entendants, de sorte que les sourds-muets, qui augmentent ainsi la pléthore de main d'œuvre disponible et inoccupée, sont les derniers, de par leur condition, dont on demandera les services, à moins de les accepter par pitié et pour un salaire dérisoire. Sauf, peut-être, pour des professions d'une nécessité constante, comme la cordonnerie, la menuiserie et le jardinage, qui conviennent parfaitement aux individus de capacité moyenne, on peut dire que ces métiers condamnent les sourds-muets faisant leur apprentissage à l'école à une existence miséreuse permanente. Si nous ajoutons que ces métiers sont chaque jour transformés profondément par le machinisme, par la spécialisation des parties, par l'intrusion des femmes et des apprentis, et que l'enseignement de l'école diffère profondément du travail réel en ville, on verra de suite le malheureux avenir qu'ils réservent aux élèves que l'imprudence de leurs parents et l'inexpérience économique des Directeurs et des Professeurs placent sous leur sujétion à la vie et à la mort : j'aurais de navrantes histoires à raconter là-dessus.

De non-résignés, des impatients, des révoltés ou de plus malins s'en évadent à temps, apprennent hors de l'école un autre métier, meilleur, en rapport, cela va de soi, avec leurs goûts et aptitudes, et ainsi se font une situation stable. Mais que leur a servi pourtant de perdre quatre ou cinq ans d'école à apprendre un métier inutile ?

Combien meilleur est le sort des sourds-muets qui sortent d'écoles où l'on n'enseigne aucun métier et qui, d'emblée, leurs études purement scolaires terminées, sont placés en apprentissage, suivant leur vocation, leurs dispositions naturelles ou acquises, dans des ateliers ou des usines, avec des entendants-parlants. Outre qu'ils s'habituent plus tôt à la vie ouvrière, se familiarisent avec la bonne camaraderie, dépouillent toute timidité, se font connaître et apprécier par ceux avec lesquels ils travaillent, ils s'initient mieux aux choses de leur métier et s'y perfectionnent, et se font attacher par leurs patrons qui, d'abord intéressés à eux, en viennent à les priser à leur valeur. Je le répète, c'est dans cette catégorie que se trouvent les sourds-muets à salaires élevés.

Très bonne aussi est la situation des sourds-muets qui, retournant dans leurs localités d'origine, suivent la profession de leurs parents, presque toujours une industrie régionale ou locale, et y demeurent fixés.

Je ne cesserai pas de le redire. Les écoles ne devraient être que des écoles d'enseignement élémentaire pur. Comme toutes les écoles de ce genre, elles pourraient posséder des classes de travail manuel, bois, fer, modelage, selon la méthode de Frœbel, afin justement d'exercer les mains des enfants. L'enseignement du dessin, étant donné les grandes capacités des sourds-muets pour cet art, serait obligatoire et dirigé vers le dessin industriel, ou artistique, ou commercial. Faire des ouvriers d'art des sourds-muets vaut mieux que d'en faire des artistes sans commandes.

On ne pourrait tolérer l'enseignement professionnel que dans les écoles à fortes agglomérations scolaires et encore on ne devrait jamais mettre en demeure les parents d'y placer leurs enfants. S'ils le désirent, un externat d'enseignement professionnel devrait être organisé par les institutions, avec des ateliers ou des petits patrons à proximité de la résidence scolaire.

Pour les sourds-muets se destinant à l'agriculture, plutôt à la culture banale, il est évident que les écoles de province sont aptes à les initier par leurs jardins et fermes. Ceux que de plus grandes connaissances, et la situation de leurs parents, mettraient en état de diriger des exploitations ou de faire valoir eux-mêmes leurs terres, pourraient très facilement, ainsi que le cas s'est produit, être envoyés dans des écoles d'enseignement agricole supérieur avec les entendants.

Les observations ci-dessus, quoique dans un autre ordre d'idées, s'appliquent également aux sourdes-muettes. Trop de leurs institutions, celles dirigées par les congréganistes, se désintéressent, non seulement de leur éducation professionnelle, mais de leur éducation ménagère, et visent plutôt à leur faire apprendre des métiers d'ouvroir ou de couvent, sans valeur aucune pour une ouvrière abandonnée seule dans la vie, profitables uniquement au travail collectif et qui sont une ressource pour la congrégation, si bien qu'elle spécule sur la prétendue infirmité, la fausse incapacité des sourdes-muettes, le danger imaginaire qu'elles peuvent courir dans le monde, pour les amener à entrer dans des asiles annexés aux institutions et qui sont un affront à la dignité des sourds-muets et un attentat au droit des femmes de vivre par le travail libre, à leur droit d'aimer.

Sans doute, la nécessité de ces asiles, en l'état présent de la société et des mœurs, semble se justifier. Mais elle ne se justifie surtout que par l'enseignement suranné et anti-social des Instituts. Car il n'est pas vrai de dire que la sourde-muette soit incapable de gagner sa vie par son travail. Dans la couture, la mode, l'article de Paris, la brochure, elle parvient souvent à un honnête salaire. Que si on la place en apprentissage, avec recommandation spéciale, dans de grandes maisons, on peut être certain que plus nombreuses seront celles qui ne devront leurs moyens d'existence qu'à leur labeur et à leur doigté. Quant aux dangers du monde, elles y sont exposées, ni plus ni moins, que leurs camarades entendantes, et beaucoup moins même, précisément à cause de leur défiance instinctive. Et si elles y succombent, ce que je ne leur reprocherai pas, puisqu'elles sont libres de disposer d'elles-mêmes et de passer par où ont passé leurs mères, il est remarquable que presque toujours elles y laissent moins de plumes que les entendantes.

Bien entendu, je n'envisage aucunement les sourdes-muettes arriérées. Pour celles-là, comme pour leurs frères de même infortune intellectuelle, il faut des établissements spéciaux qui n'ont rien à voir avec les institutions. Je ne m'occupe que des sourds-muets normaux, de ceux qu'on appelle des anormaux supérieurs.

Bien que les écoles n'enseignent que de rares métiers, on

peut constater que les sourds-muets travailleurs sont dispersés sur un nombre infini de professions, depuis l'ouvrier mineur jusqu'au tailleur de pierres. Cependant, depuis la promulgation des lois sur les accidents du travail, ils sont moins facilement admis dans les manufactures à grandes machines, ce contre quoi il est assez difficile de protester.

J'ai déjà donné au Congrès de Chicago une nomenclature des professions exercées. Elle serait à refaire et à augmenter. Mais nous dépasserions les limites de notre cadre. D'ailleurs, il me faudrait recommencer un travail de statistique qui ne serait complet que par une vaste et longue enquête dans toutes les branches de l'activité humaine moyenne, ce qui prouve bien l'utilité sociale des sourds-muets.

Une question fort importante, c'est le placement des ouvriers sourds-muets, surtout à la sortie de l'école. Pour faciliter ce placement, les administrations d'écoles font ce qu'elles peuvent. En outre, les sociétés de ou pour les sourds-muets s'emploient à ce placement avec un certain zèle. Il n'empêche pourtant que les unes et les autres, dans leur ignorance de la vie ouvrière et leur inexpérience des manières d'embaucher, se remuent en pure perte. Il y aurait mieux à faire. Ce serait de pousser les sourds-muets à entrer dans les syndicats ouvriers, où la solidarité prolétaire leur est aisément sympathique, et les écoles feraient sagement de fournir à leurs élèves entrant dans la vie sociale les moyens de payer leur première cotisation syndicale. Ce serait plus utile que de leur offrir des boîtes d'outils sans valeur aucune dans l'ordinaire du travail.

Parmi les moyens employés pour créer des débouchés aux sourds-muets, leur procurer du travail et prouver leur capacité industrielle, il faut signaler les ateliers d'ouvriers sourds-muets, fondés par des sourds-muets.

Le premier en date fut l'*Imprimerie de Sourds-Muets* de la Villa d'Alésia, à Paris, fondée en 1894 par Henri Gaillard et dont il abandonna la direction en 1900. L'œuvre, constituée avec les deniers de sourds-muets riches, entr'autres de

M. Henri Desmarest, a été achetée par un entendant qui continue à employer un personnel sourd-muet.

Le second est un établissement fondé à Marseille en 1901 par un vaillant sourd-muet, M. Vendrevert, et connu sous la dénomination d'*Ateliers professionnels de sourds-muets*. En principe, tous les métiers y sont admis, mais la cordonnerie prédomine. Cet établissement continue à fonctionner.

Signalons, en outre, l'Imprimerie de Sourdes-Muettes du Mesnil-sur-l'Estrée (Eure), appartenant aux grands imprimeurs parisiens Firmin-Didot, dirigée par des religieuses, mais dont la contre-maîtresse est une remarquable sourde-muette, M^{ile} Pauline Sorg. Les ouvrières de cet établissement peuvent le quitter si elles le désirent et se placer au dehors. Elles sont payées assez raisonnablement.

Je n'aurais garde d'omettre, dans cet aperçu de la situation intellectuelle des sourds-muets en France, une œuvre fondée précisément pour mettre en évidence l'intellectualité des silencieux, ce qu'ils peuvent produire et ce que leur enseignement peut réaliser. Je veux parler du *Musée Universel des Sourds-Muets,* fondé par un éminent ami des sourds-muets, M. Théophile Denis, de concert avec M. Debax, directeur de l'Institution de Paris vers 1896, et que le directeur actuel de l'Institution, M. Collignon, vient de reconstituer avec l'aide du conservateur du Musée, M. le professeur Auguste Boyer. Cette œuvre intéressante et digne d'encouragement expose aux regards des visiteurs de l'Institution Nationale, non seulement tout ce qui concerne l'histoire de l'enseignement des sourds-muets, mais encore les œuvres d'art des sourds-muets : peintures, sculptures, gravures, dessins, objets curieux, et les portraits des sourds-muets marquants dans les lettres, l'industrie, la philanthropie, etc.

Pour ce qui concerne la situation religieuse des sourds-muets en France, il n'y a pas à s'en inquiéter. Les sourds-muets y sont saturés de religiosité plus que c'est nécessaire, et cela parce que la grande majorité sortent d'écoles congréganistes, lesquelles d'ailleurs, en certaines circonstances : communion pascale, vacances, fêtes de l'abbé de l'Epée, ou de saint François de Salles, patron des sourds-muets, s'ingénient à réunir leurs anciens élèves pendant quelques jours et organisent pour eux des retraites, conférences, communions, etc. Les écoles sécularisées (anciens frères de saint Gabriel, par exemple) n'ont pas abandonné cette coutume.

Ainsi, on n'a pas à craindre que les sourds-muets catholiques soient privés des secours de la foi. Dans les grandes villes, il y a des prêtres dévoués, des aumôniers de sourds-muets, comme le très populaire et très bon abbé Goislot, à Paris ; l'abbé Laffay, à Lyon ; l'abbé Castellan, à Marseille ; l'abbé Delaplace, à Reims ; l'abbé Blain, à Poitiers ; d'autres ailleurs, qui organisent, surtout pendant la saison d'hiver, tous les dimanches et fêtes, des conférences religieuses et morales mimiques qui sont fort fréquentées. Certains de ces ecclésiastiques s'occupent également de secourir matériellement leurs fidèles, secondés en cela par des œuvres de charité affectées aux sourds-muets. Pour toute la France, nous avons le vénéré et très aimé abbé Rieffel, le missionnaires des sourds-muets, qui va d'un bout à l'autre du territoire. Il a fondé une maison ouvrière pour les sourdes-muettes à Bowsien, dans l'Isère. 5o y sont employées.

Seuls, les sourds-muets protestants étaient quelque peu négligés, encore que les pasteurs de l'Église réformée soient toujours disposés à leur être utiles s'ils savent s'adresser à eux comme n'importe lequel de leurs coreligionnaires entendants. Mais depuis trois ans fonctionne à Paris, sous la surveillance d'un Comité de notabilités protestantes et sous la direction de M. le pasteur Vigier, ancien prêtre, ancien frère de saint Gabriel, instituteur de sourds-muets, une œuvre de sourds-muets assez analogue aux missions anglaises, qui essaie de faire tout le bien possible. Pourtant, comme les sourds-muets protestants ne sont pas fort nombreux, l'œuvre est forcée d'exercer son action même chez les sourds-muets d'autres cultes. Tous les dimanches, M. le pasteur Vigier donne des conférences. En été, il organise des pique-nique, en hiver des collations et un *Christmas*. Il sert d'interprète à beaucoup de sourds-muets pour leurs affaires.

Disons cependant que pour les affaires de sourds-muets amenés devant la Justice, le procureur de la République a l'habitude de s'adresser au concours d'un interprète assermenté, professeur à l'Institution de Paris, M. Bélanger, qui ne marchande ni son temps, ni son dévouement, et dont l'extrème affection pour les sourds-muets lui permet, sans enfreindre les règles de l'impartialité judiciaire, d'arranger bien de mauvais cas.

Il n'y a guère que les sourds-muets juifs qui soient dépourvus de tous secours religieux. J'ai montré leur situation regrettable à cet égard dans une série d'articles parus dans l'*Echo des Sourds-Muets* et qui ont été signalés au Consistoire central des israélites de France. Le grand-rabbin de France, M. Zadoc-Kahn, a tenu à les étudier particulièrement. Il faut espérer que quelque chose sera fait dans cette voie, car les sourds-muets de la religion mosaïque sont très nombreux à Paris.

Pour les sourds-muets qui ne croient pas aux besoins spirituels de l'homme, il faut dire qu'ils commencent à devenir légion. Ils suivent en cela le courant des esprits français et, avec les écoles laïques, ils augmenteront encore. Cependant, pour les élèves de ces écoles, si leurs parents y tiennent, ils trouvent facilement à s'instruire des choses religieuses. Mais ils pratiquent peu.

LES SOCIÉTÉS

Depuis une vingtaine d'années, il y a une extraordinaire multiplication de sociétés de sourds-muets en France. Le vaste mouvement qui porte la masse des citoyens français vers la mutualité et la solidarité a ébranlé le petit monde silencieux. Les sourds-muets, isolés le plus souvent dans la société des entendants-parlants, bien que considérés sympathiquement par eux, ont compris que pour faire valoir leurs revendications, pour pouvoir s'entr'aider dans la maladie ou la vieillesse, pour pouvoir se soutenir contre tous les aléas de l'existence, ils devaient se réunir, s'unir, se cotiser, agir en commun. De là cette éclosion de sociétés aux buts multiples et d'importance différente les unes et les autres. Cependant, en considérant la totalité des sourds-muets adultes ayant l'exacte compréhension de leurs devoirs d'homme, il faut bien avouer que l'effectif des membres participants de ces sociétés est ridiculement insignifiant. Un trop grand nombre se désintéresse de l'effort collectif par apathie, ignorance ou égoïsme. D'autres, qui se défient de la mutualité, préfèrent adhérer à des sociétés corporatives de leur métier. S'ils n'ont pas tout à fait tort, il n'en reste pas moins que leur dédain des sociétés uniquement silencieuses est très préjudiciable à nos intérêts.

Cette abstention du grand nombre n'empêche pas que les sociétés silencieuses ne fassent beaucoup de bruit. Et tout leur est bon pour attirer l'attention : anniversaires de l'abbé de l'Epée, banquets, fêtes d'été, bals, meetings, etc. Selon moi, elles ont parfaitement raison, car elles déroutent les idées préconçues, les préjugés vulgaires, intriguent l'opinion et lui font comprendre que les sourds-muets ne sont pas ce qu'un vain peuple pense et qu'ils ont le droit de s'occuper de leurs intérêts s'ils font justement leurs devoirs de citoyens astreints aux charges publiques.

Font-elles aussi de la bonne besogne mutualiste ou autre ? Quelques-unes oui, les autres à peine. Mais leur grand malheur est d'être divisées, et divisées d'une façon atroce, qui nuit considérablement au triomphe de la cause. Elles ne luttent pas entre elles par émulation. Elles se combattent par rivalité malsaine. Bien souvent, des sourds-muets de cœur essayèrent de mettre fin à ces conflits mortels et de rapprocher tous les groupes en un faisceau puissant. S'ils réussirent un moment, ce fut pour constater bientôt la vanité de leurs efforts. On prétend que c'est une fatalité de race chez les sourds-muets, un défaut inhérent à leur condition anormale. Si tous les Français normaux étaient bien unis entre eux, si dans les partis politiques, dans les corporations, dans les académies, les Français normaux vivaient toujours en bonne confraternité, en belle amitié, je serais bien porté à croire que nous ne sommes si divisés que parce que notre surdi-mutité nous accable d'une tare implacable. Mais lorsqu'on voit le spectacle terrible des luttes publiques en France, le déchirement formidable des Français entre eux, on est bien forcé de convenir que les sourds-muets, eux aussi, sont atteints de la même infirmité française. Le mot de Montaigne : « Mettez deux Français au désert de Libye, ils ne seront pas longtemps sans s'esgratigner », s'applique à tous les hommes du pays de France, sourds-muets et entendants.

Malgré ces divisions, ce sont encore, je le répéterai toujours, les sociétés silencieuses qui, de même que les journaux silencieux, affirment le mieux la vitalité intellectuelle des sourds-muets de France. Ce sont elles qui les font pénétrer le plus dans l'exacte conscience d'eux-mêmes, les font remarquer et estimer.

On trouvera en annexe un tableau donnant la liste des sociétés françaises de sourds-muets et précisant leur valeur à chacune.

La plus ancienne de ces sociétés est l'*Association amicale des Sourds-Muets de la Seine*, fondée par le célèbre sourd-muet Ferdinand Berthier en 1838 et qui était plus connue de son temps sous la dénomination de *Société universelle des Sourds-Muets*. Cette société fut donc la première en son genre en France et peut-être dans le monde entier, sinon en Amérique, du moins en Europe. Mais la société qui présida réellement à l'essor du monde silencieux français est la *Société d'Appui fraternel des Sourds-Muets de France*, fondée en 1880 par M. Joseph Cochefer, un sourd-muet de haude valeur et d'une énergie extraordinaire, comme d'un sens très précis des choses, occupant dans une grande fabrique de meubles de luxe la première place en qualité d'architecte d'ameublement, ce qui lui donnait une grande autorité. On dit de lui qu'il est le rénovateur du monde silencieux français. Et malgré les assertions contraires de ses anciens camarades, cette

2.

qualification s'applique parfaitement à lui, à son esprit d'initiative et d'audace, à son dévouement éclairé aux intérêts sérieux des sourds-muets. Le Gouvernement, les corps constitués, l'opinion, les sourds-muets eux-mêmes, ont su reconnaître ses mérites. De nombreuses distinctions honorifiques lui furent décernées, cependant que d'odieuses attaques, sans exemple jusqu'à lui dans les annales silencieuses, l'accablaient avec une furie inconcevable, et cela est bien la preuve de sa haute valeur, offusquant l'envie des médiocres, des incapables et des paresseux. Mais lui, en fier lutteur, qui ne se soucie de rien que du but à atteindre, réalise son œuvre sans dévier d'une ligne, sans s'arrêter d'une seconde. Républicain avancé, ayant le premier fait aimer la République par les sourds-muets, penseur libre, émancipé des dogmes et des préjugés, il est tout de même surprenant que la République ne l'ait pas mieux récompensé et que l'étoile de l'honneur, accordée avec moins de justice à deux de ses confrères, ne brille pas sur sa poitrine de philanthrope et de bon citoyen.

L'*Association amicale des Sourds-Muets des deux sexes de la Champagne* est la première des sociétés de province et la première des sociétés de secours mutuels, comme la plus importante aussi par son capital. Cette prospérité exceptionnelle est due aux nombreuses relations de ses fondateurs, son président Emile Mercier, son trésorier Henri Mercier, ainsi qu'au concours d'un collaborateur entendant, père d'un sourd-muet, et trésorier-adjoint de la société, M. Prosper. Si l'on réfléchit qu'elle possède 459 membres honoraires entendants pour 181 membres titulaires sourds-muets, on s'explique aisément l'importance des sommes qu'elle recueille chaque année et qui, s'accumulant mécaniquement, sont en train de faire d'elle la plus riche des sociétés françaises.

Cette société, la seule en France, possède un Cercle, lieu de réunion, d'étude et de distraction pour ses membres. Ce Cercle, dénommé *Cercle Abbé de l'Epée*, est un des monuments de la ville de Reims. Il est grand, spacieux. Le buste de l'abbé de l'Epée surmonte sa façade et lui donne un aspect assez imposant, qui démontre au vulgaire à quelle situation sociale peu prétendre le monde sourd-muet. Un Cercle pareil serait bien à sa place à Paris. C'est justement ce que cherche à y édifier l'entreprise dite du *Sou du Cercle des Sourds-Muets de la Seine*, dirigée par M. Eugène Graff, un vaillant sourd-muet qui poursuit son idée sans se décourager par l'indifférence ou la malveillance.

L'Association fraternelle des Sourds-Muets de la Normandie est, par date de fondation, la première société de secours mutuels.

Au sommet de toutes ces sociétés rayonnent présentement deux groupements centraux fondés dans d'excellentes idées, mais qui se contrarient l'un l'autre. Je veux parler de la *Fédération des Sociétés françaises de Sourds-Muets* et de l'*Union nationale des Sociétés de secours mutuels de Sourds-Muets*.

La Fédération des Sociétés de sourds-muets a été fondée en 1896 par M. Cochefer, sur les conseils de M. Paul Deschanel, ancien président de la Chambre des Députés, « en vue de les fortifier par une entente générale et afin de multiplier leur puissance en régularisant leurs efforts dans la marche à suivre pour l'amélioration du sort de la famille silencieuse tout entière. » Son président actuel est encore M. Cochefer. Dès son début, toutes les sociétés importantes y ont fait adhésion. Et c'est à l'influence de la Fédération qu'est due l'union momentanée de tous les sourds-muets pendant une période de cinq ans, la réussite du Congrès de 1900, la propagande en faveur de la diffusion de l'alphabet manuel chez les entendants, la multiplication des sociétés silencieuses, une meilleure considération des droits et des capacités des sourds-muets, le recensement général des sourds-muets de France, etc. La Fédération, après le Congrès de 1900, aurait pu réaliser d'autres choses encore, si la division n'était brusquement survenue. Depuis ce moment néfaste, son effort est un peu diminué, d'autant qu'on ne recule devant rien pour annihiler sa marche. Pourtant, c'est grâce à l'intervention de la Fédération que les écoles de sourds-muets congréganistes ont dû de ne pas être fermées brusquement avant que des mesures soient prises pour les remplacer. Et c'est la Fédération qui va mener campagne pour la création d'écoles régionales. La Fédération veille sur tout le mouvement silencieux et s'efforce d'assurer son unité d'action. C'est elle qui s'est inquiétée de a participation, n'importe comment, des sourds-muets français au Congrès international des sourds-muets de Saint-Louis.

On peut dire que l'Union nationale a été fondée contre la Fédération, et cela saute aux yeux de prime abord. En effet, son président est un entendant-parlant, père, il est vrai, d'un sourd-muet, très actif sans doute, mais ignorant des signes. Le vice-président est également entendant, mais cette fois c'est un fils de sourd-muet, familiarisé avec les signes. Le reste de l'administration est sourd-muet. Sans contester l'intérêt qu'il y a pour les sourds-muets à faire appel au concours des entendants, on ne peut nier qu'une telle situation ne soit humiliante pour les sourds-muets français, et cela dans le parti même qui a fait du célèbre sourd-muet Ferdinand Berthier, qui n'admettait aucune ingérence des entendants dans les affaires silencieuses, son héros et son dieu. Il en ressort que, dans ce parti, il n'y a aucun sourd-muet capable d'administrer une aussi forte agglomération, et capable aussi de faire aboutir nos revendications. Et cela renforce les préjugés qui ont cours sur nous.

Je suis persuadé que le Congrès international de Saint-Louis, où sont réunis les principaux silencieux du monde entier, et ceux très énergiques et très fiers de la libre Amérique, sera d'accord avec moi que les sourds-muets doivent seuls diriger et défendre leurs propres affaires, que l'émancipation des sourds-muets sera l'œuvre des sourds-muets eux-mêmes, et qu'ils ne doivent demander aux entendants que leur appui, leur collaboration, dans la même mesure que les entendants se l'accordent entre eux, par simple fraternité humaine.

L'Union nationale se distingue aussi de la Fédération en

ceci qu'elle ne s'occupe que des sociétés de secours mutuels de sourds-muets. Pourtant, elle tend au placement de ses fédérés sans travail et prétend étudier les voies et moyens de faire donner l'instruction à tous les sourds-muets. Son président est M. Stéphan Prosper. Le seul sourd-muet instruit et capable du groupe est M. P. Collette de Baudicour, qui est d'ailleurs le secrétaire général.

A côté des sociétés exclusivement silencieuses existent des sociétés fondées par des entendants-parlants, philanthropes, médecins et professeurs, pour le patronage, le placement et l'assistance des sourds-muets.

Les plus importantes sont :

1°) La Société centrale d'éducation et d'assistance pour les sourds-muets en France, présidée par M. Jules Lombart et dirigée par son secrétaire général, M. le Dr Castex, otologiste éminent ;

2°) La Société de patronage des anciens élèves de l'Institut départemental des sourds-muets de la Seine, que le directeur de l'Institut, M. Baguer, administre avec habileté ;

3°) La Société d'assistance et de patronage pour les sourds-muets du Rhône, dirigée par le directeur de l'école de Lyon, M. Hugentobler ;

4°) Le Comité de Saint-Hippolyte-du-Fort, qui soutient surtout l'école protestante de Saint-Hippolyte-du-Fort (Gard) ;

5°) La Société de patronage des anciennes élèves de l'Institution des sourdes-muettes de Bordeaux, qui rend de sérieux services à ses protégées.

Quelques-unes de ces sociétés admettent des sourds-muets dans leurs conseils d'administration.

LES JOURNAUX

Les sourds-muets français, justement soucieux de la défense de leurs intérêts, ont compris que pour soutenir la force de leurs sociétés, diriger leur action, agir sur l'opinion, combattre les préjugés, ils devaient se servir de l'unique moyen d'exprimer leur pensée que l'instruction met d'une façon un peu parfaite à leur disposition : la plume, et de son interprète : la presse. Aussi, d'assez bonne heure, ont-ils pensé à fonder un journal. Le premier qui vit le jour fut le *Bulletin de la Société universelle*, fondé par Benjamin Dubois en 1870. Plus tard, vers 1885, parut la *Défense des Sourds-Muets*, de Turcan. Puis vinrent successivement le *Courrier Français*, la *Sincérité*, l'*Abbé de l'Epée*, la *Gazette des Sourds-Muets*, la *France Silencieuse*, l'*Avenir des Sourds-Muets*, le *Sourd-Muet illustré*, le *Pilori Silencieux*, le *Réveil des Sourds-Muets*, qui eurent des fortunes diverses, mais ne vécurent guère plus de deux années.

Actuellement, *six* journaux de sourds-muets se partagent la clientèle silencieuse française :

D'abord les plus anciens et les plus importants :

L'*Echo des Sourds-Muets*. Mensuel. Rédacteur en chef : Henri Gaillard. Administrateur : Eugène Graff. C'est le plus lu, le plus vivant, le plus intéressant.

Le Journal des Sourds-Muets. Mensuel. Rédacteur en chef : Henri Jeanvoine. Administrateur : Henri Genis. A été fondé par Henri Gaillard.

Les autres sont : la *France des Sourds-Muets*, publiée par M. Turcan, à Grenoble, excellent journal, très prisé pour l'abondance de ses nouvelles, quoique de seconde main, genre qui plaît aux sourds-muets de province ; le *Philanthrope*, organe de l'*Union des Sourds-Muets de Lyon*, dirigé par M. Gavillet, dans un bon esprit ; l'*Opinion des Sourds-Muets*, feuille de division intestine, rédigée en chef par M. Eugène Née, qui contient parfois cependant de bons articles utiles à la cause.

Le sixième est rédigé par des entendants, ou plutôt par un seul, un prêtre, M. l'abbé Rieffel. Cependant, il insère des articles pieux de sourds-muets, particulièrement de sourdes-muettes. C'est le *Conseiller-Messager de l'abbé de l'Epée*, à Nivolas-Ruffieux (Isère).

Il n'existe qu'une seule publication d'enseignement, la *Revue Générale de l'Enseignement des Sourds-Muets*, publiée par les professeurs de l'Institution de Paris.

LES SOURDS-MUETS DÉCORÉS

Le Gouvernement de la République, depuis qu'il est solidement affermi en France, a toujours montré un large esprit de justice à l'égard des sourds-muets. Et il a encouragé leurs efforts, de certaines façons excellentes, encore que d'autres seraient désirables. C'est ainsi qu'il a tenu à récompenser, par des distinctions honorifiques, nombre de sourds-muets plus ou moins méritants.

On peut penser ce qu'on veut des décorations et elles doivent prêter à sourire aux libres citoyens des Etats-Unis, qui estiment que l'homme ne vaut que par sa valeur personnelle, l'œuvre qu'il accomplit, la satisfaction de sa conscience, et qu'il est ridicule pour un homme, vraiment homme, de se parer de colifichets officiels et prestigieux, mais d'un néant désenchanteur et d'une puérilité niaise. Pourtant, puisque dans la vieille Europe, encore asservie à des traditions séculaires, encore entichée de goûts pour l'oripeau et le panache, puisque dans la France, même républicaine, persistent les allures régaliennes, le culte des galons et la considération des rubans, on ne voit pas pourquoi les sourds-muets, lorsqu'ils le méritent, demanderaient le droit d'avoir des distinctions que leurs concitoyens entendants exigent avec une insistance parfois déconcertante. Et tant mieux si ces sourds-muets sont décorés. Le ruban qu'ils arborent, mais c'est le plus éclatant soufflet aux préjugés, c'est la proclamation silencieuse la plus éloquente qu'il y a chez eux des hommes de valeur, que le travail et l'étude ont rendu dignes d'être distingués par les pouvoirs publics. Et c'est ce point de vue qui m'a toujours guidé lorsque j'ai tenu à recommander des sourds-muets à la récompense du Gouvernement de la République française.

Voici la liste des sourds-muets décorés, vivants et décédés, la nature de leur décoration et leurs titres :

Je ferai d'abord remarquer qu'un seul fut décoré sous la seconde République, et par le prince-président Louis

Napoléon, depuis l'empereur Napoléon III. C'est d'ailleurs le premier en date. Et c'est le fondateur de la politique silencieuse militante, Ferdinand Berthier.

Chevaliers de la Légion d'Honneur

1. **Ferdinand Berthier**, homme de lettres, professeur, président et fondateur de société.
2. **Félix Martin**, statuaire.
3. **Ernest Dusuzeau**, président du Congrès international des sourds-muets de 1900.

Officiers de l'Instruction publique

1. **Joseph Théobald**, professeur.
2. **Victor Chambellan**, professeur.
3. **Joseph Cochefer**, président et fondateur de la Société d'Appui fraternel des Sourds-Muets de France et de la Fédération des Sourds-Muets.
4. **Ernest Dusuzeau**, professeur.
5. **Louis Capon**, directeur d'école.
6. **Henri Gaillard**, homme de lettres.
7. **Henri Genis**, ancien président de société.

Officiers d'Académie

1. **Ferdinand Berthier**, professeur.
2. **Claudius Forestier**, directeur d'école.
3. **Orsoni**, professeur.
4. Mlle **Pauline Larrouy**, directrice d'école.
5. **De Tessières**, professeur.
6. **Paul Choppin**, statuaire.
7. **Eugène Graff**, président de société.
8. **Auguste Colas**, graveur.
9. **Richardin**, professeur.
10. **Vazeille**, photographe.
11. **Hirsch**, administrateur de journal.
12. **Douard**, professeur.

13. **Jules Henry,** président de société.
14. **Henri Jeanvoine,** publiciste.
15. **Henri Desmarest,** philanthrope.
16. **Emile Mercier,** président et fondateur de société.
17. **Hamar,** statuaire.
18. **Plessis,** statuaire.
19. **Boquin,** président et fondateur de société.
20. **Frossard,** administrateur de société.
21. **Desperriers,** statuaire.
22. **Endrès,** employé de ministère.
23. **Eugène Née,** publiciste.
24. **Mauduit,** publiciste.
25. **Eymard,** président de société.

Chevaliers du Mérite agricole

1. **Isidore Moutet,** viticulteur.
2. **Masset,** éleveur.

Soit 35 décorés d'importance. La proportion est frappante. Et encore, je ne compte pas les décorés de l'Encouragement au bien, de l'Assistance publique, de la Mutualité, du Sauvetage et du Dévouement, du Travail, et les nombreux médaillés de tous ordres. Cela suffit pour donner une idée de la valeur des sourds-muets de France.

LES INSTITUTIONS

J'ai montré, et encore à grands traits, quelle est la situation intellectuelle, industrielle et sociale des sourds-muets en France. En son ensemble, elle n'apparaît donc pas insignifiante. Elle témoigne de la volonté, de l'énergie et du labeur des sourds-muets français. Pourtant, je le répète, elle pourrait être plus belle, plus digne de la nation démocratique qu'est la France, plus digne de son esprit moderne et républicain.

Toute chose est le produit d'une formation. Et c'est l'école qui fait la société. Le monde silencieux français, dans son esprit et dans son moyen d'existence, est le résultat même des écoles qui formèrent les jeunes sourds-muets. Or, ces écoles, à part de très rares exceptions, sont en retard sur tous les progrès scolaires accomplis en France, et sont sous la domination de maîtres absolument hostiles, la plupart, à un enseignement utilitaire, rationnel et rationaliste. Elles sont bien au-dessous des écoles autrichiennes, allemandes, anglaises et scandinaves, et encore bien plus au-dessous des surprenantes écoles de la « victorieuse Amérique ».

Cette situation a depuis longtemps frappé tous les esprits éclairés. Et les sourds-muets indépendants et intelligents, dans leurs journaux, réunions et congrès, n'ont cessé d'exprimer là-dessus leurs doléances. C'est à peine si l'opinion s'est émue, si la presse républicaine a pris parti, si l'administration s'est dérangée. Quelques hommes politiques ont bien prononcé de beaux discours, ont promis leur intervention, ont même essayé d'agir. Jusqu'au 26 mai de cette présente année, aucun effort sérieux n'a été tenté.

La politique, ou plutôt non, la politique des stupidités, des calomnies, des bâtons dans les roues, du misonéisme anti-réformateur, du piétinement sur place, du nous-verrons-demain, cette politique mauvaise qui retarde tant l'essor de de la France, a fait que les sourds-muets sont rélégués à part, réservés peut-être pour les calendes grecques.

Il n'y a, en France, que trois Institutions nationales, celle de Paris pour les garçons (263 élèves), celle de Bordeaux pour les filles (225 élèves), celle de Chambéry pour les deux sexes (86 garçons, 36 filles). Toutes les autres institutions, à part l'Institut départemental des sourds-muets de la Seine, à Asnières, duquel je parlerai tout à l'heure, sont des écoles privées, subventionnées à peine par l'Etat et les Départements intéressés, soutenues souvent par la charité publique. Et la grande majorité d'entre elles ont pour maîtres des congréganistes.

Voici d'ailleurs un état qui montre la situation sous son vrai jour :

Ecoles. — Laïques 11
Congréganistes . . . 58

Nombres d'écoles **69**

Maîtres. — Laïques 111
Congréganistes . . . 370

Total **481**

Elèves. — Garçons 2,028
Filles 1,875

Total **3,903**

Ces chiffres sont éloquents. Ils montrent clairement que l'immense majorité des sourds-muets français est élevée par les congréganistes. Or, au moment où la France se débarrasse de cet enseignement qui, pour être parfois dévoué et assez utile, n'en est pas moins fort rétrograde, anti-scientifique et sectaire, c'est une constatation humiliante à faire de voir dans quel sans souci les Républicains tiennent les sourds-muets. Est-ce à dire qu'ils considèrent les 7,000 sourds-muets en âge de scolarité comme une quantité négligeable ? Mais rien ne se doit négliger des moindres individus qui constituent l'humanité. Roger-Ducos, le véritable fondateur, avec Prieur (de la Marne), de l'enseignement des sourds-muets en France, celui qui proposa à la Convention nationale la création de six écoles nationales de sourds-muets, l'avait dit : « Tous les enfants appartiennent à la Patrie, qui doit s'en servir pour les tourner à son profit. » Et voilà bientôt cent ans que les sourds-muets attendent ces écoles, qui seraient d'ailleurs insuffisantes. On peut dire que jusqu'à présent, et maintenant encore, même dans les trois écoles nationales existantes, leur éducation est dirigée sans ordre, sans méthode réelle, sans programme général, sans gratuité et sans obligarité, selon les facultés de la charité privée, de l'assistance publique et du bon vouloir gouvernemental, au laisser-aller et à la libre-poussée des maîtres et des élèves. Ainsi s'explique que la situation intellectuelle des sourds-muets adultes ne soit pas plus manifestement brillante ; ainsi s'explique surtout l'état de division des sourds-muets français et plus particulièrement l'hostilité que l'immense majorité d'entre eux témoigne à l'égard des institutions républicaines et des sourds-muets républicains comme des hommes de la République. Si une voix de majorité suffit pour faire pencher la balance électorale, on conçoit l'intérêt qu'ont les Républicains à ce que les sourds-muets, qui sont électeurs, puissent agir en citoyens mieux conscients des destinées de l'homme moderne et de la France unifiée. Et pour cela, il faut leur procurer l'instruction laïque, gratuite et obligatoire.

Le grand obstacle à l'organisation parfaite de l'enseignement des sourds-muets en France, c'est que leurs écoles dépendent du ministère de l'Intérieur, où sont centralisés les services des hospices, hôpitaux, prisons, tout ce qui constitue l'administration de l'Assistance publique. On y a trop l'habitude de considérer nos écoles comme des établissements hospitaliers. De temps immémorial, les sourds-muets militants et les instituteurs laïques de sourds-muets ont protesté contre cette situation déplorable, insultante à la dignité des sourds-muets et contraire à leurs intérêts sociaux comme au perfectionnement de leur instruction. Des hommes politiques de toutes opinions ont plaidé leur cause. Mais l'administration française est tenace et routinière. Elle ne se dessaisit pas aisément de ce qui constitue le privilège de ses ronds-de-cuir. Aussi les plus acharnés à s'opposer au transfert des institutions de sourds-muets au ministère de l'Instruction publique sont les bureaux intéressés du ministère de l'Intérieur. Il faut leur ajouter tous les instituteurs congréganistes. En effet, ces derniers ont tout à redouter de la laïcisation qui est la base dominante de l'instruction publique en France, tandis qu'en demandant le maintien de nos écoles dans la dépendance de l'Assistance publique, ils en affirment le caractère hospitalier et, à l'abri de ce caractère hospitalier, ils invoquent leur mission de charité et leur rôle d'abnégation chrétienne, vertus qu'on ne peut leur nier, mais qui ne sont pas à leur place dans l'enseignement des sourds-muets. Il est indigne du progrès moderne et républicain, indigne surtout d'une démocratie, de considérer l'instruction des sourds-muets comme facultative, proportionnée aux bonnes volontés et aux ressources de l'Assistance publique et privée, et cela parce que les sourds-muets appartiennent en grande majorité à la classe pauvre, prolétarienne. Mais alors, comme tous les enfants normaux appartiennent également à cette classe, la plus nombreuse, pourquoi estime-t-on que l'instruction pour eux doit être obligatoire et constituer un devoir de la nation, et non une charge de l'Assistance publique. Pourquoi des exclusions ? Pourquoi des catégories ? Il n'y a pas à distinguer. Tout enfant qui naît a droit à la vie, par conséquent à l'instruction, source de vie. Revendiquer l'instruction pour l'enfant, c'est un droit de naissance. Cela a été dit avec éloquence par beaucoup de penseurs et de philanthropes. Et le petit sourd-muet a toutes les prétentions du monde à obtenir pour lui la réalisation de ce droit de naissance.

Il semble bien que cette vérité ne doive pas rester longtemps controversée en France. Après l'exemple de l'école d'Asnières, dont je parlerai tout à l'heure, des parlementaires ne sont pas très loin de vouloir organiser, dans le sens de la laïcité, de la gratuité et de l'obligation, l'enseignement français des sourds-muets, et même de le transférer au ministère de l'Instruction publique.

À cet égard, un fait important s'est produit à la Chambre des Députés, dans la séance du 26 mai 1904.

M. Tournade, député de Paris, a déposé un projet de résolution, pour lequel l'urgence a été déclarée, demandant la réalisation immédiate du projet de la Convention, par la création de 12 écoles régionales de sourds-muets.

Ce projet a été renvoyé à la Commission de l'Enseignement, sur la prière même de M. Combes, président du Conseil et ministre de l'Intérieur, et avec l'assentiment de M. Chaumié, ministre de l'Instruction publique, et d'une telle façon habile par M. Tournade, que peut-être cette procédure, si on la soigne avec sollicitude et insistance, pourrait très bien amener le transfert des écoles de sourds-muets et d'aveugles au ministère de l'Instruction publique, sans qu'on y trouve trop à redire.

De sorte que MM. Combes, Chaumié, Tournade, et tous ceux qui collaboreront avec eux, s'attireront l'immortelle gratitude des sourds-muets français.

Il est vrai que le renvoi à une Commission équivaut souvent à un ajournement, si pas à un enterrement. Mais il dépend des sourds-muets français, par une action concertée, unanime et continue, de créer un mouvement d'opinion publique assez vaste et puissant pour faire sur le Gouvernement et le Parlement de la République française une pression les amenant à un résultat digne du pays qui montra au monde la possibilité de l'instruction des sourds-muets et de leur participation à la vie de l'humanité.

Si l'on songe que la dernière statistique montre qu'il existe **7,000** enfants sourds-muets en âge de scolarité et que **4,000** à peine sont recueillis dans les écoles, on ne chicanera pas qu'il y a **urgence** de faire cesser cette situation humiliante pour la France.

On ne saurait reprocher au Conseil Général de la Seine de négliger les sourds-muets de la Ville-Lumière et de ses environs. Depuis longtemps, il se préoccupait d'assurer l'instruction à tous les enfants sourds-muets de Paris et de sa banlieue. D'un côté, il donnait des subventions à l'Institution de Paris ; de l'autre, il en accordait à des institutions privées, comme l'Institution Magnat, l'Institution Houdin, etc., et il encourageait dans les écoles communales des classes de sourds-muets instruits suivant la méthode Grosselin. Mais en 1893, il se décida à avoir son institution à lui, et le plus ardent protagoniste de cette fondation nécessaire fut M. le conseiller municipal Faillet. Sur son rapport, le Conseil Général de la Seine établit à Asnières l'Institut Départemental des Sourds-Muets de la Seine et en confia la direction à un jeune instituteur primaire familiarisé avec les questions d'éducation des sourds-muets, M. Baguer.

M. Baguer est de ceux qui pensent que l'enseignement des sourds-muets n'est pas une carrière difficile, exigeant un long apprentissage des maîtres. Il leur suffit de joindre aux capacités des instituteurs primaires du dévouement et de la patience, et surtout de la volonté. Partant de ce principe, il constitua son corps de professeurs avec des maîtres et des maîtresses choisis dans les écoles communales, mais il accepta d'anciens maîtres de l'école Magnat et d'autres écoles de sourds-muets. Et, au contraire des autres professeurs des écoles de sourds-muets, tous ces maîtres obtinrent l'assimilation dans le cadre des instituteurs primaires directement dans la dépendance du ministère de l'Instruction publique par la Direction de l'Enseignement de la Préfecture de la Seine. Ainsi assimilés, ils ont droit aux mêmes grades, aux mêmes avantages, aux mêmes conditions d'avancement, aux mêmes bénéfices de retraite que la généralité des membres de l'enseignement public en France. C'est en quelque sorte un transfert virtuel de l'école des sourds-muets au ministère de l'Instruction publique, le Département de la Seine n'ayant, d'ailleurs, jamais considéré l'Institut d'Asnières comme un établissement hospitalier, mais comme une école, encore qu'il ait profité, pour son agrandissement, d'une subvention de 3oo,ooo francs du Pari Mutuel, qu'on a l'habitude de n'accorder qu'aux institutions de bienfaisance. Qu'importent les moyens lorsque le but à atteindre est urgent et nécessaire. Certaines personnes ont critiqué cet argent, soit-disant qualifié d'immoral, parce qu'il vient des courses. Mais l'immoralité de l'argent est une blague et sa moralité est qu'il sert à faire marcher le monde quel que soit son origine. Il serait plus juste d'affirmer l'amoralité de l'argent, parce que l'argent est une nécessité de la vie, et que les nécessités de la vie n'ont aucune espèce de moralité ou d'immoralité, sinon pour les esprits rétrogrades ou misonéistes.

Donc, l'Institut des sourds-muets d'Asnières existe et fonctionne bien.

Présentement, il possède 3oo élèves (120 filles, 180 garçons) avec un personnel de 18 maîtres. Il y a une classe
maternelle. Le programme est celui des écoles primaires
ordinaires. Jusqu'à présent, plus d'une vingtaine d'élèves
qui ont concouru avec les entendants-parlants ont obtenu
leurs certificats d'études. Cinq métiers y sont enseignés.
Presque tous les anciens élèves de cette école, qui ne compte
que douze années d'existence, ont été placés avec des chances
diverses et pour ce placement M. Baguer, secondé par la
Société de patronage, ne recule devant rien. J'ai pu constater
que les menuisiers et serruriers ont fort bien réussi. La
méthode en usage est la méthode orale pure. Pourtant, les
signes sont pratiqués par les élèves en dehors des classes.

L'Institut d'Asnières est la seule école de sourds-mnets
qui compte dans sa commission de surveillance et de perfectionnement des sourds-muets. C'est l'indice des sentiments
démocratiques du Conseil Général de la Seine, qui reconnaît
aux citoyens sourds-muets, électeurs, le droit et le devoir de
s'occuper des intérêts de leurs frères. J'ai fait partie de cette
Commission ; M. Cochefer en est toujours membre.

Avec le temps, l'Institut d'Asnières s'améliorera encore.
Pour l'instant, il réalise le type des écoles régionales de
sourds-muets à créer en France pour transformer radicale-
ment leur enseignement et l'orienter dans le sens moderne.

LA QUESTION DES MÉTHODES

On peut dire que la méthode orale pure régente souverai-
nement les institutions françaises de sourds-muets. Pourtant
une récente statistique semble prétendre le contraire. La
voici :

Méthode orale.	59 écoles.
» mixte.	9 écoles.
» mimique.	1 école.
Total . .	**69 écoles.**

Mais ce n'est qu'une apparence. En réalité, toutes les écoles pratiquent la méthode mixte, seulement, elles refusent de l'avouer, parce que la méthode orale est la méthode officielle, imposée par les inspecteurs du ministère de l'Intérieur à la suite du Congrès de Milan en 1880, où la minorité des oralistes parvint à faire la loi. Et aujourd'hui encore, c'est cette minorité d'oralistes qui subjugue la majorité des maîtres. J'avoue que, plusieurs de ces oralistes sont des maîtres habiles, des démutiseurs fameux, et que dans certaines classes, dans certaines écoles, ils obtiennent des résultats merveilleux, non pas avec des demi-sourds (devenus tels entre quatre et neuf ans d'âge), mais avec des muets de naissance. Et cela est à l'avantage du système oral que nul ne conteste. Mais leur habileté, leur zèle et leurs convictions ne peuvent faire qu'ils réalisent l'impossible et que tous les élèves sans exception profitent de la méthode orale pure. D'abord, les intelligences ne sont pas les mêmes, les aptitudes non plus, et la bonne volonté des enfants est bien décevante. Aussi, certains maîtres, moins rigides sur les principes et voulant avant tout des résultats pratiques, ont-ils recours aux signes, sans doute très rarement, de manière indirecte et à titre auxiliaire, mais enfin ils se servent des signes, et ils s'en trouvent bien. Même à Bordeaux, qui passe pour la première école de France, les sœurs s'adressent aux signes lorsqu'elles veulent éclairer des cerveaux rebelles.

J'ai fait à ce sujet une enquête chez d'anciens élèves de toutes les écoles orales et toujours il m'a été révélé que les signes n'étaient pas absolument proscrits. Pour deux ou trois maîtres inflexibles, le reste était de bonne composition.

D'ailleurs, il suffit d'examiner les nouvelles générations. Et en ses vingt-cinq ans d'existence, la méthode orale pure a eu le temps d'en façonner des couches.

Ces jeunes sourds-muets parlent sans doute, mais lisent beaucoup mieux sur les lèvres. Cependant, ils ne parlent guère qu'avec leurs proches ou avec d'intimes connaissances.

C'est que leur prononciation n'est pas toujours claire et que leur élocution est puérile, pour ne pas dire baroque. Leur phraséologie est celle du nègre qui estropie les mots, déchiquète la syntaxe en des interversions bizarres. Il est vrai qu'on peut en rendre responsable l'influence des signes, puisque les sourds-muets de la méthode Grosselin, soustraits beaucoup mieux aux signes par l'emploi de la phonomimie, ne commettent presque jamais d'inversions, ni dans leur locution journalière, ni dans leurs lettres, et que les rares sourds-muets élevés dans de petites écoles, où la surveillance est facile, par la prohibition absolue des signes, écrivent plus correctement encore, bien que d'un style commun. En tout cas, comme instruction, façon d'agir, ces sourds-muets de la nouvelle méthode ne diffèrent nullement de ceux de l'ancienne méthode, sauf, je le répète, en ceci *qu'ils parlent un peu, tant bien que mal,* et lisent sur les lèvres, ce qui est leur réel et naturel mérite. Pourtant, toutes les personnes avec lesquelles ils sont en relation ne consentent pas à les entendre et même à articuler assez clairement pour qu'ils saisissent leurs mouvements labiaux. J'en ai vu de leurs camarades ouvriers employant la dactylologie, même des signes naturels, et des contre-maîtres leur donnant des ordres par écrit. Parfois, on leur défend de parler, parce que leur voix fausse, criarde, caverneuse, écorche désagréablement les oreilles ou qu'on ne les comprend pas.

D'un autre côté, ces jeunes sourds-muets fréquentent avec ardeur les sociétés de sourds-muets de l'ancienne méthode et tous prétendent qu'à leur contact, au maniement plus élargi des signes, à la vue des orateurs mimiques qui expriment des idées qu'ils n'auraient jamais connues par leurs professeurs oralistes, leur intelligence se développe et que leur raison se forme. Ce fait est surtout remarquable pour des sourds-parlants sortant de petites écoles et qui ignoraient totalement les gestes conventionnels. Tenus longtemps dans l'horreur des gestes, le dédain des sociétés silencieuses, ce n'est qu'après bien des hésitations qu'ils en viennent à fréquenter leurs confrères, mais alors ils sont les plus assidus.

Voilà qui prouve combien était vaine la prétention des oralistes proclamant que la méthode orale pure rendrait totalement les sourds-muets à la société, la société des entendants s'entend.

Ce qui rend les sourds-muets à la société, ce n'est pas telle ou telle méthode, c'est l'instruction, c'est l'habitude du savoir-vivre, la facilité de l'entregent et de l'aisance des manières, l'absence de timidité et surtout un bon et solide métier, rémunérateur. Il y a des sourds-muets élevés par l'ancienne méthode qui ne vont jamais chez les sourds-muets des sociétés, mais qui sont toujours chez les entendants de leur milieu social et qui y sont aimés et honorés.

Il faudrait plutôt croire que c'est la méthode orale pure qui, dans sa déplorable application, ne permettant pas aux sourds-muets d'apprendre entièrement, les pousse à rechercher, dans leur soif de savoir, de se désennuyer, la société de leurs frères. Il est curieux de constater qu'aux conférences du pasteur Vigier, aux réunions de l'*Union Française*, à Paris, le dimanche, il y a toujours de jeunes élèves des institutions de Paris et d'Asnières en uniforme.

Les professeurs, du moins ceux qui sont sincères, qui ne reconnaissent que les évidences de l'expérimentation, et qui ne rougissent pas de confesser leurs erreurs, se rendent très bien compte des faiblesses et des inconvénients du système purement oral. Quelques-uns ont osé publier des articles pour mettre les faits sous leur vrai jour et pour améliorer le système. Mais leur courage n'a pas été très brave et surtout n'a pas duré longtemps. Les oralistes, qui n'admettent pas qu'ils se sont trompés, n'ont eu qu'à tonner, et ces maîtres consciencieux, mais timorés, ont plié sous la férule. Songez donc qu'en France, ce pays de liberté, tout finit plus souvent par des révocations que par des chansons. Et il faut vivre, même du morceau de pain de la lâcheté !

Chose merveilleuse, épique, bizarre, extralunaire, renversante, ces oralistes de l'école empirique ont trouvé des partisans parmi de jeunes sourds-muets, qui ont pris à tâche de contredire les protestations de leurs aînés contre la méthode orale pure et de nier les constatations qu'ils font du peu de résultat, pratiques de cette méthode. Et ce qu'il y a de plus bouleversant encore, c'est que ces mirliflores sont la plupart incapables de lire sur les lèvres et que s'ils parlent c'est parce qu'ils ont perdu l'ouïe vers l'âge de sept à neuf ans. La vérité est qu'ils tiennent à combattre leurs anciens pour se donner du genre, se faire remarquer, se mettre en dehors. Et pourtant, ce sont des gesticulateurs enragés, quoique sans talent mimique. Avec eux sont des sourds-parlants plus sérieux, qui croient naïvement que les adversaires de l'orale pure veulent qu'on n'apprenne jamais la parole aux sourds-muets arrivant aux écoles.

Or, tous les sourds-muets militants n'ont jamais, au grand jamais, prétendu interdire qu'on essaie de faire profiter leurs jeunes frères des bienfaits de l'enseignement oral. Au contraire, ils veulent que tous y soient astreints. Mais ils veulent qu'ils y soient astreints avec discernement, scientifiquement, selon leurs capacités, et sans qu'on néglige l'enseignement par l'écriture, et sans crainte de s'aider, dans certaines explications, du secours bien compris des signes et de la dactylologie. En d'autres termes, l'immense majorité des sourds-muets français est à la fois contre le système mimique pur et contre la méthode orale pure. Il est tout simplement pour le système combiné, pour la combinaison des méthodes appropriées aux facultés de certaines catégories d'élèves.

Et c'est très nettement que les sourds-muets adultes ont pris position contre la méthode orale pure. Dans leurs congrès, leurs réunions, leurs journaux, des orateurs, des écrivains de talent ne cessent de mener le bon combat, un peu atténué pour l'instant. Tous ces efforts n'ont pas encore abouti, autant parce que l'opinion publique est assez indifférente à la question que parce que le mouvement est mal coordonné, et surtout parce que l'extrême division des sourds-muets français condamne d'avance toutes leurs campagnes aux plus navrants insuccès.

Mais la vérité marche quand même. L'évidence s'imposera, la science triomphera. Il n'y a qu'à réorganiser les écoles, qu'à charger des maîtres de carrière de leur direction, qu'à exiger d·s mandataires de la souveraineté du peuple qu'ils veillent à obtenir que les futurs élèves des nouvelles institutions régionales soient des utilités sociales pour que les maîtres de l'avenir recherchent eux-mêmes, dans leur volonté d'obtenir des résultats sociaux, le perfectionnement et les meilleures combinaisons de méthodes, comme les plus excellentes sélections d'élèves. C'est aux citoyens sourds-muets de la patrie de Pereie, de Michel de l'Epée et de Clerc, de la patrie d'origine aussi des Gallaudet, de la patrie du grand roi saint Louis, et de Lafayette, et de la Révolution française, à savoir agir, pour la défense de leurs intérêts, avec le même tact, la même énergie que leurs frères des États-Unis, dont la supériorité intellectuelle et la magnifique situation sociale doit les stimuler.

ERRATUM :

Page 14, ligne 21, *lire* Bonsien, *au lieu de* Bowsien.

Numéro d'ordre	DÉNOMINATION	Date de fondation	OBJET	Capital au 1 janvier 1903	Effectif Membres titulaires seulement	PRÉSIDENT EN EXERCICE	OBSERVATIONS
1	Association amicale des sourds-muets de la Seine, Seine-et-Oise, et limitrophes (Paris)	1838	Secours mutuels	9,348-46	47	M. Eymard	Ancienne Société Universelle, interrompue de 1849 à 1867 Reconstituée à cette date. Réorganisée en 1898. Fondée avec un capital de 10 francs et les seuls deniers des sourds-muets français.
2	Société d'Appui fraternel des sourds-muets de France (Paris)	1880	Retraites	46,498-85	185	M. Cochefer	
3	1re Section : Bordeaux					M. Rochelor	
4	2e » Tours					M. Gilibert	
5	3e » Luçon					M. Billaud	
6	4e » Marseille					M. Martinon	
7	5e » Lyon					M. Ballet	
8	6e » Rouen					M. Pin	
9	7e » Moulins					M. de Laroche	
10	8e » Montargis					M. Lecointe	

Numéro d'ordre	DÉNOMINATION	Date de fondation	OBJET	Capital au 1 janvier 1903	Effectif Membres titulaires seulement	PRÉSIDENT EN EXERCICE	OBSERVATIONS
11	Société d'Appui fraternel des sourds-muets de France (9e section : Orléans)					M. Ferraud	
12	10e Section : Issoudun					M. Aigret	
13	11e » Cannes					M. Périno	
14	12e » Alger					M. Tixadou	
15	13e » Toulouse					M. Grollier	
16	14e » Angoulême					M. Jourdes	
17	15e » Belfort					M. Emile Graff	
18	16e » Chartres					M. Sebellon	
19	17e » Nancy					M. Paul George	
20	Société fraternelle des sourds-muets de la Bourgogne (Dijon)	1880	Indéterminé	1,341-80	25	M. Boquin	

Numéro d'ordre	DÉNOMINATION	Date de fondation	OBJET	Capital au 1 janvier 1903	Effectif Membres titulaires seulement	PRÉSIDENT EN EXERCICE	OBSERVATIONS
21	Association fraternelle des sourds-muets de la Normandie (Rouen)	1892	Secours mutuels	22,553-91	63	M. Pilet	Fondée par M. Capon
22	Association amicale des sourds-muets de la Champagne (Reims)	1895	»	64,222-99	181	M. Emile Mercier	Compte 453 membres honoraires
23	Association humanitaire des sourds-muets de Provence (Marseille)		»			M. Vendrevert	
24	Saint-Michel mixte des sourds-muets de l'Isère		Indéterminé	Inconnu	25	M. Turcan	
25	Groupe philanthropique des sourds-muets de Marseille	1901	Secours immédiats	Flottant	variable	M. Vendrevert	
26	Fraternité des sourds-muets de la Loire (Saint-Etienne)	1902	Secours mutuels	Inconnu	25	M. Cizeron	Ancienne Société l'*Amitié* des sourds-muets de Lyon, fondée en 1898 par MM Simonetti, Fournier et Vanton.
27	Union philantropique des sourds-muets des deux sexes de Lyon et de la région (Lyon)	1898	»	2,402-95	102	M. Gavillet	
28	1re Section : Roanne					M. Brun	
29	2e » Grenoble					M. N.	
30	3e » Voiron					M. Gaude	

Numéro d'ordre	DÉNOMINATION	Date de fondation	OBJET	Capital au 1 janvier 1903	Effectif Membres titulaires seulement	PRÉSIDENT EN EXERCICE	OBSERVATIONS
31	4e Section : Aubenas	1898	Secours mutuels	2,402-95	102	M. Laval	
32	5e » Annonay					M. N.	
33	6e » Le Puy					M. N.	
34	7e » Saint-Etienne					M. Giriat	
35	Société de secours mutuels des sourds-muets du Limousin (Limoges)	1903	Secours mutuels	Inconnu	25	M. Dauriat	
36	Union française des sourds-muets (Paris)	1898	Amusement	500	50	M. Berthet	
37	Société de secours mutuels des sourds-muets de la Haute-Garonne (Toulouse)	1902	Secours mutuels	512-60	30	M. Auriac	
38	Société des sourd-muets de Saône-et-Loire (Mâcon)	1889	Indéterminé	Inconnu	25	M. Généraux	
39	Société de pérégrination des sourds-muets de Paris « Le Voyage » (Paris)	1900	Voyages	300	12	M. Hauller	
40	Groupe des sourds-muets orléanais (Orléans)	1889	Banquets	Variable	60	M. Dours	

Numéro d'ordre	DÉNOMINATION	Date de fondation	OBJET	Capital au 1 janvier 1903	Effectif Membres titulaires seulement	PRÉSIDENT EN EXERCICE	OBSERVATIONS
41	Société des sourds-muets de Roubaix-Tourcoing	1895	Indéterminé	Inconnu	50	M. Pagnier	
42	Club international des sourds-muets (Paris)	1900	Relations	Variable	15	M. Braun	
43	Alliance Silencieuse (Paris)	1886	Banquets	»	50	M. Amet	S'occupe spécialement de célébrer l'anniversaire des lois de juillet 1791, par lesquelles la Convention nationale décréta la création d'institutions nationales de sourds-muets.
44	Société populaire des sourds-muets (Paris)	1901	Conférences	»	5	M. Aymard	
45	Club cycliste des sourds-muets (Paris)	1898	Sports	600	46	M. Hirsch	
46	Association philanthropique des sourds-muets du Gard (Nîmes)	1903	Secours mutuels			M. H. Richard	
47	Union fraternelle des sourds-muets de Marseille	1900	Indéterminé	Variable	50	M. Périé	
48	Société des sourds-muets de Besançon	1896	Banquets	»	50	M. Jules Henry	
49	Groupe fraternel des sourds-muets de Nîmes	1903	Ateliers	Inconnu	?	M. H. Richard	

Numéro d'ordre	DÉNOMINATION	Date de fondation	OBJET	Capital au 1 janvier 1903	Effectif Membres titulaires seulement	PRÉSIDENT EN EXERCICE	OBSERVATIONS
50	Société des sourds-muets de Poitiers	1895	Banquets	Variable	60	M. Modet	
51	Société des sourds-muets du Creusot	1892	»	»	30	M. Léger	
52	Société des Enfants de l'abbé de l'Epée (Montpellier)	1894	»	»	20	M. Hours	
53	Société des sourds-muets de Nantes	1885	»	»	60	M. N.	
54	Société de secours mutuels des sourds-muets d'Eure-et-Loire	1903	Secours mutuels	Inconnu	30	M. Gaspard	
55	Société amicale des sourds-muets de la Haute-Loire	1902	»	»	25	M. E. Gagne	
56	Société amicale des sourds-muets de la Loire	1902	Indéterminé	»	20	M. Pommeau	
57	Association amicale des sourds-muets de la région picarde	1903	Secours mutuels	»	8	M. Cagny	Succursale de l'Association Normande.
58	Association des sourds-muets du Nord (Lille)	1904	»	»	?	M. Mahieu	
59	Club des XI, Paris	1904	Secret	Variable	11	Pas de Président	Un seul Trésorier dirige le mouvement des fonds selon les décisions de la majorité des membres.